Слово Боже для тене

14 віршів для дітей про Слово Боже.

Бог радіє, коли я слухняний Його Слову і проводжу з Ним час в молитві.

«Блаженні, хто держить свідоцтва Його, хто шукає Його всім серцем.»

(вірш 2)

Я із задоволенням читаю Слово Бога і дорожу ним. Коли я вивчаю Боже Слово, я дізнаюся як правильно поводитися.

«Я в серці своїм заховав Твоє слово, щоб мені не грішити проти Тебе.»
(вірш 11)

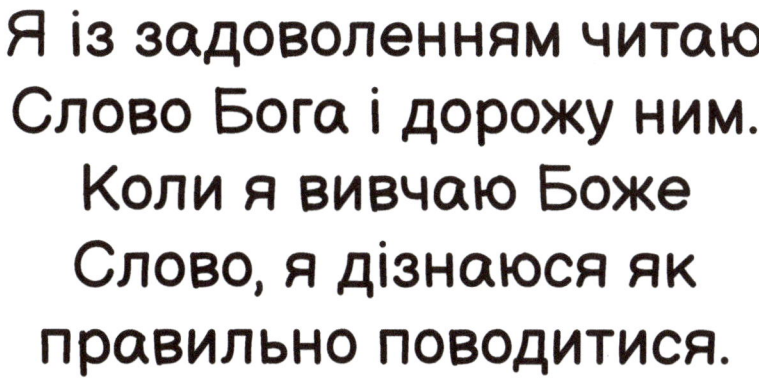

Я обмірковую все, що я читаю в Слові Божому, щоб знати як поводитися.

«Про накази Твої розмовлятиму я, і на стежки Твої буду дивитись.»

(вірш 15)

Я з радістю читаю Слово Боже і прикладаю багато зусиль, щоб жити так, як радить Бог.

«Я буду радіти Твоїми постановами, слова Твого не забуду!»
(вірш 16)

Дорогий Бог, допоможи мені ясно побачити мудрість Твого Слова, Його глибоке значення і дивовижний задум.

«Відкрий мої очі, і хай чуда Закону Твого я побачу!»
(вірш 18)

У Слові Божому є безліч хороших порад. Вони приносять мені радість і щастя.

«Свідоцтва Твої то потіха моя, то для мене дорадники!..»
(вірш 24)

Дорогий Бог, допоможи мені розуміти те, що я читаю в Твоєму Слові, тому що я хочу якнайкраще все виконувати щодня.

«Дай мені зрозуміти, і нехай я держуся Закону Твого, і всім серцем я буду триматись його!»

(вірш 34)

Слово Боже допомагає мені думати і піклуватися в першу чергу про інших.

«Серце моє прихили до свідоцтв Твоїх, а не до користи.»
(вірш 36)

Коли я неслухняний, у мене трапляються неприємності. Я вчуся на своїх помилках і прислухаюся до порад від Бога.

«Доки я не страждав, блудив був, та тепер я держусь Твого слова.»

(вірш 67)

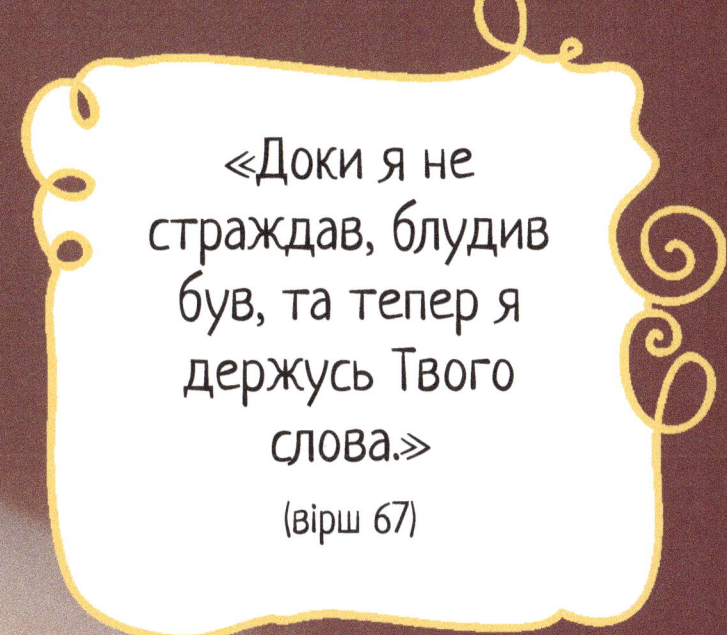

Бог вічний і Його Слово вічне. Я можу завжди довіряти Йому і покладатися на Його Слово.

«Навіки, о Господи, слово Твоє в небесах пробуває.»
(вірш 89)

Я люблю читати Біблію!
Я часто думаю про Слово Боже впродовж дня.

«Як я кохаю Закона Твого, цілий день він розмова моя!»

(вірш 97)

Слово Боже - моя радість і моя втіха.
Воно приємніше за усі солодощі.

«Яке то солодке слово Твоє для мого піднебіння, солодше від меду воно моїм устам!»
(вірш 103)

Слово Бога як факел, який освітлює мені шлях. Він яскраво світить і веде мене у вірному напрямку.

«Для моєї ноги Твоє слово світильник, то світло для стежки моєї.»

(вірш 105)

Коли я проводжу багато часу читаючи Слово Боже, я почуваю себе спокійно і ніщо не може потривожити мене.

«Мир великий для тих, хто кохає Закона Твого, і не мають вони спотикання.»

(вірш 165)

Цікаві факти

Подивіться на різні синоніми Слова Божого у цьому розділі Біблії.

НАКАЗИ

СВІДОЦТВА

Інші книги з цієї серії:

Опубліковано: iCharacter Ltd. (Ireland)
www.icharacter.org
Складено: Агнес де Безенак
Переклад: Наталія Феррейра
Авторське право 2020.

Авторське право © 2020 iCharacter Ltd. Усі права захищені. Ніяка частина цієї книги не може бути відтворена у будь-якій формі або будь-яким електронним або механічним способом, включаючи системи зберігання і пошуку інформації, без письмового дозволу видавця або автора, за винятком випадків, коли рецензент може процитувати короткі уривки, використані в критичних статтях або в рецензії.

www.ingramcontent.com/pod-product-compliance
Lightning Source LLC
Chambersburg PA
CBHW040252090526
44586CB00043B/2986